La búsqueda del vacío

Jupp Hartmann

La búsqueda del vacío

Crisis climática, ocio y misticismo

Ensayo

Producción y editorial / Herstellung und Verlag:

BoD – Books on Demand,

Norderstedt, Alemania

ISBN: 978-3-7519-3811-2

Solo por el bosque me fui.
Buscar nada mi intención.
(Johann Wolfgang von Goethe)

I.

¡Menos! Ese es el imperativo de nuestro tiempo: ¡Menos plástico! - ¡Menos CO_2! - ¡Menos consumo! - ¡Menos estrés! Eso suena como renunciar: a comer carne, a volar y a conducir.

¿Pero tiene esto que ser una renuncia? Sería una renuncia a negarse a sí mismo el cumplimiento de un deseo ardiente. No hacer algo porque tienes una mejor opción: Eso es libertad.

Hay buenas razones para asumir esa libertad: Necesitar poco puede ser placentero. Significa ser menos dependiente y en lugar de perseguir constantemente la satisfacción de necesidades tener más tiempo para las cosas realmente importantes.

"No hay muchos que hayan perdido por contención."
(Confucio, Conversaciones, IV.23)

II.

Hacer y dejar de hacer dan forma a la vista del mundo. Un leñador, una bióloga y un inversionista perciben el mismo bosque de manera completamente diferente.

Quien asume una tarea debe cuidarse de no ser asumido por la tarea. Mientras más se centra la atención en objetivos predeterminados, más se pierde la visión de los daños colaterales.

En un mundo de números y flujos de dinero, todo se transforma en un medio para un fin. La tierra se convierte en un almacén de materias primas y las personas se cambian en capital humano. Todo se hace utilizable. Todo lo que es inútil o no lo bastante útil, desde el punto de vista económico está en peligro. Los bosques primarios están tumbados; se extinguen las especies animales y vegetales; en el nombre de la utilidad se está produciendo una destrucción tremenda.

A menudo sería mejor si se hiciera menos. Pero esto es difícil de lograr, porque muchos se desesperan cuando no tienen nada que hacer. Se aferran a sus ocupaciones. A menudo el trabajo es el centro de sus vidas, y para un gran número de personas es la fuente de su identidad.

En nuestros tiempos orientados al rendimiento, esto es extremadamente claro. Sin embargo, un texto de China de más de dos mil años de antigüedad demuestra que no es un fenómeno nuevo:

"Cuando el campesino ya no tiene nada que ver con las hierbas y las malezas, ya no tiene nada a lo que atenerse; cuando el comerciante ya no tiene nada que ver con los

callejones y los mercados, ya no tiene nada a lo que ate-
nerse. Sólo cuando la gente de la multitud tiene su traba-
jo diario, se esfuerza. Los artesanos dependen de la habi-
lidad y el manejo de sus herramientas para sentirse. Si no
puede acumular dinero y bienes, el avaro estará triste. Si
el poder y la influencia no se expanden constantemente,
el hombre ambicioso se vuelve desolado. Los esclavos del
poder y la riqueza sólo son felices en la alternación. Si
encuentran un momento en el que pueden actuar, no
pueden dejar de hacerlo. Todos siguen su camino con la
misma regularidad que el ciclo del año. Están atrapados
en el mundo de las cosas y no pueden cambiarse. Así que
corren, atrapados interna- y externamente, hundiéndose
en el mundo de las cosas y nunca volviendo a sí mismos.
¡Oh, eso es triste! "(Zhuangzi,XXIV.4)

Así, lo que se puede hacer se hace, y eso es a menudo
mucho más de lo que se necesita hacer. Casi nos asfixia-
mos bajo la masa de productos que resultan de nuestra
productividad.

III.

Ocio. Una palabra que ha caído en descrédito. La ociosidad, advierte un proverbio alemán, es el principio de
todos los vicios; y muchos aún ven en ella el peor de todos los vicios: el rechazo a actuar en sociedad de rendimiento. Los llamamientos a la desaceleración, cada vez

más fuertes, han rehabilitado en cierta medida la ociosidad en los últimos años. Al menos en el sector del bienestar ha encontrado un lugar firme - y en innumerables artículos de revistas cuando se trata de descubrirse a sí mismo o de agotamiento.

El ocio requiere tiempo libre. Esto es más que tiempo de descanso: es un tiempo libre de limitaciones, un tiempo vacío que puede ser llenado con lo que el momento ofrece.

Atrapado en la vida cotidiana, es difícil desarrollar nuevas perspectivas. Estás tan ocupado limpiando el agua que ni siquiera piensas en cerrar el grifo.

Tienes que tener las manos libres para agarrar el momento justo. Estar ocioso significa ser libre de hacer lo correcto en el tiempo adecuado.

IV.

Inspiración. Del ocio a la musa. Ser besado por la musa es la descripción pictórica de lo que muchas personas artísticamente activas experimentan: Un poder superior parece guiar el proceso creativo. Esto es más dejar que ocurra que la creación consciente. No el ego consciente, algo diferente pinta, escribe o compone. Este estado se llama Flujo.

De esta manera, hacer arte se convierte en una comunicación con algo desconocido. ¿Hay poderes superiores trabajando aquí? ¿O es simplemente un proceso neurobiológico? De cualquier manera, parece un milagro.

Pero el flujo no viene por orden. Sólo puedes crear las condiciones adecuadas para que venga. Hay una antigua historia china sobre esto.

"Un tallador de madera talló un soporte de campana. Cuando se terminó, todos los que lo vieron se asombraron de su trabajo divino. El Príncipe de Lu también lo miró y le preguntó al Maestro, "Cuál es tu secreto?' Este respondió: 'Soy un artesano y no conozco ningún secreto, y sin embargo hay una cosa que importa. Cuando estaba a punto de hacer la campana, tuve cuidado de no consumir mi fuerza vital en otros pensamientos. Ayuné para que mi corazón descansara. Cuando ayuné durante tres días ya no me atrevía a pensar en la recompensa y el honor; después de cinco días ya no me atrevía a pensar en la alabanza y la culpa; después de siete días había olvidado mi cuerpo y todos mis miembros. En ese momento tampoco pensé más en la corte de Su Alteza. Así me recogí en mi arte, y todos los encantos del mundo exterior habían desaparecido. Después fui al bosque y miré los árboles en su crecimiento natural. Cuando el árbol correc-

to pasó ante mis ojos, el soporte de la campana estaba lis-
to delante de mí, así que sólo tuve que poner mi mano
sobre él. Si no hubiera encontrado el árbol, me habría
rendido. Porque dejo que mi naturaleza interactúe con la
naturaleza de la materia, por eso la gente piensa que es
un trabajo divino.'" (Zhuangzi, XIX.10)

V.

Arte es a menudo el arte de la omisión. Capturar la atmósfera de un lugar con sólo unos pocos trazos de la plu-
ma o agarrar a la audiencia con unas pocas notas se considera un alto virtuosismo. A menudo es importante no
hacer demasiado. Si intentas hablar un texto de una manera particularmente bella, rápidamente aparecerás artifi-
cial. Si en una jam session todos los participantes quisie-
ran mostrar constantemente todas sus habilidades, sería
muy agotador escuchar. Sólo cuando los demás se contie-
nen, los individuos pueden salir a la luz con sus solos.

Al menos tanto como por el énfasis un ritmo obtiene su
carácter especial por las pausas. Una escala tiene su sonido especial al omitir ciertos pasos de semitono.

El área dejada en blanco en una antigua pintura de tinta
china aparece como el agua de un río o como olas de nie-
bla entre las montañas. El vacío aquí es un elemento esencial de la composición.

A principios del siglo XX, la pintura abstracta se desarrolló por la omisión cada vez más consistente de todas las referencias a los objetos del mundo exterior. Esto llevó a una libertad inimaginable en el manejo de los colores y las formas. Y como no hay un significado predeterminado en las pinturas abstractas, son una invitación a la imaginación para dar un paseo.

VI.

Hacer que las cosas sucedan. Confiar en la dinámica propia del proceso creativo. Esa fue durante décadas mi actitud básica cuando pinté. la pintura abstracta se convirtió en un viaje de descubrimiento para mí. El pintar siempre tuvo un aspecto meditativo para. Cuando pinté, dejé que los impulsos espontáneos de mi cuerpo siguieran su curso; dejé que mis manos corrieran libres, sin un plan, sin pensar. Intenté dejar la puerta lo más abierta posible al azar. Lo que pasó fue mucho más allá de lo que yo mismo podría haber pensado.

Juguetonamente encontré mi camino artístico. A lo largo de los años hice muchas cosas diferentes: imágenes hechas de azulejos de cerámica de diseño propio, objetos de luz, arte digital, animaciones abstractas …[1]

---

[1]Mi arte se puede encontrar en línea en www.jupphartmann.de y en Instagram en jupp.hartmann.art

No fue un desarrollo planificado. Una cosa llevó a la otra, todo tenía una conexión, todo parecía lógico en retrospectiva. Pero para mí, cada nuevo giro era una sorpresa. Vi mi propio desarrollo artístico en la forma en que los pasajeros de un tren sentados de espaldas a la dirección del viaje ven un paisaje. Nunca vi lo que vendría después.

Aprendí a confiar en el proceso creativo. Y que descubriría más en mi viaje de lo que nunca soñé.

VII.

Métodos de cognición. Las ciencias modernas son ateas en sus métodos, es decir, el recurso a los dogmas es tabú en su marco por buenas razones. Esto no significa, sin embargo, que uno necesite una actitud básica atea para hacer ciencia. El ateísmo de la ciencia es puramente metódico y no ideológico. Incluso aquellos que son científicamente activos tienen preguntas que no pueden ser respondidas de esta manera. Entonces uno puede decidir a favor o en contra de creer en algo específico. Mientras la actividad científica no se vea afectada por esto, todo está bien.

Por cierto, las ciencias no pueden probar una visión atea del mundo precisamente porque son ateas en su método.

No pueden probar lo que presuponen, eso sería un argumento circular.

Al igual que un ateísmo metódico, también hay una espiritualidad metódica. Como artista, me abro más a la inspiración cuando siento que hay algo más grande que mi yo consciente, y que pueda abrirme a este algo en mi proceso creativo. Sólo tengo que tener la habilidad de estar asombrado. Es más probable que los milagros ocurran cuando creo que sean posibles.

Tan poco como el conocimiento científico puede apoyar el ateísmo, tan poco puede la experiencia artística servir como prueba del dominio de un poder superior.

La palabra "inspirar" plantea la pregunta: ¿Quién inspira? ¿Quién respira (o da) la inspiración? Pero todas las respuestas a esta pregunta siguen siendo especulaciones.

Es posible, incluso útil, hablar de trabajo creativo con vocabulario religioso o esotérico. De esta manera se interpretan las experiencias dentro de un patrón de interpretación determinado. Esto hace que sean más fáciles de comunicar. Esto es legítimo, pero no prueba nada en términos del patrón de interpretación.

Más allá de toda duda, la experiencia misma permanece: La intuición puede fluir más libremente cuando hay menos control consciente. Es una experiencia que probablemente todo el mundo puede tener, no importa lo que crea o no crea.

VIII.

Éxito. Básicamente, es bastante banal: Por supuesto que mi arte será mejor si pinto con la mente en lo que hago y no pienso constantemente en lo que dirán los demás o si mi trabajo me hará ganar suficiente dinero. Cuanto más libre es mi cabeza, más atento puedo trabajar. Con la atención viene el asombro y con el asombro viene el entusiasmo. Lo que yo hago con entusiasmo tiene muchas posibilidades de éxito.

En su libro "Effortless Mastery", el músico de jazz neoyorquino Kenny Werner describe la observación de que la gente que toca bien a menudo tiene poco efecto y no llega al corazón de la audiencia, incluso si tocan con swing y todo eso. Lo atribuye al hecho de que están atrapados en sus pensamientos y se guían demasiado por las ideas sobre cómo debería ser correcto. Concluye que hay que aprender a entregar el control a un poder más grande y poderoso. Esto es intimidante al principio, pero en última instancia, es una liberación. (P. 10)

Mis propias experiencias con la pintura las encuentro muy a menudo cuando otros hablan de su arte, ya sea música, pintura o literatura. Quien quiera sacar de lo lleno, debe vaciarse.

IX.

El vacío es de crucial importancia en la filosofía Dao-ísta:

"Lo que la nariz respira y el oído oye es esencialmente vacío. En base a lo que tienen, todas las cosas usan lo que no tienen. Si no lo crees, mira una flauta o una pipa hecha de cañas." (Huainanzi, XVI.6b)

No se trata de una idea abstracta o metafísica del vacío, sino del vacío muy concreto entre las cosas o dentro de las cosas. Se trata de que el vacío interactúe con lo que hay. Un vacío experimentado.

El vacío significa potencial. Se puede llenar un espacio vacío, se puede utilizar el tiempo vacío, se puede escribir en una hoja vacía.

No cargarse con cosas innecesarias significa libertad. Volverse vacío en este sentido es la mejor manera de encontrarse a sí mismo.

Estar vacío significa tener espacio para la abundancia.

En "Huainanzi", un libro escrito hace más de 2000 años como una colección de conocimientos para el emperador chino, así es como se lee:

"Un espíritu inquieto no se siente bien ni siquiera en un campamento bien preparado con alfombras suaves. Ni tampoco aprecia una comida de arroz salvaje y carne jugosa. Ni siquiera el sonido de las cuerdas y los tonos de la flauta le dan ningún placer.

Sólo cuando la ira se disuelve y la inquietud desaparece, la comida sabe bien. La cama se vuelve cómoda, el hogar seguro y estar en la carretera un placer.

"Desde este punto de vista: Nuestra naturaleza está abierta a la alegría, pero también a la tristeza. El que lucha con cosas que no dan placer a su propia naturaleza y obstaculiza lo que le da placer, se convertirá ciertamente en un hombre triste, aunque posea todas las riquezas del mundo y sea venerado como un hijo del cielo. En general, la naturaleza humana ama la paz y el silencio y no la discordia y el ruido. Le gusta descansar y estar tranquilo y no trabajar duro. Si la mente está permanentemente libre de deseo, significa paz. Si el cuerpo está permanentemente libre de tareas, significa descanso. El que permite a su espíritu vagar en paz y tranquilidad, el que permite a su cuerpo disfrutar del ocio, el que simplemente espera lo que el cielo le da, encontrará la alegría en su interior y

estará libre de preocupaciones en el exterior. Nada puede
cambiar su percepción, aunque sea tan grande como el
mundo entero. Aunque el sol y la luna se oscurezcan,
nada puede detenerlo de su camino. Incluso cuando está
bajo, se siente bendecido, incluso cuando tiene poco, se
siente rico." (Huainanzi, XIV.59)

X.

Los deseos tienden a tomar el control. Las ambiciones
del ego ponen en peligro la libertad interior. Conducen a
un comportamiento compulsivo y a una visión estrecha
de las cosas.

*"Entre la gente de Chu había uno que robó oro. Justo
cuando el mercado estaba más concurrido, vino, lo tomó
y se fue. Cuando lo sujetaron y le preguntaron: "¿Cómo
puedes robar oro en medio del mercado?" él sólo respondió: "No vi a nadie. Sólo vi el oro". Cuando la mente se
ocupa de los deseos, olvida lo que está haciendo." (Huainanzi, XIII.10)*

XI.

Superar el ego. Muchas religiones y enseñanzas espirituales lo exigen. Superarla suena como una dura lucha,

un gran esfuerzo, un acto de voluntad, en resumen, un fuerte ego para afrontar esta tarea. ¿Cómo podría el ego ser superado de esta manera?

El ascetismo puede convertirse en una trampa. El ego se embriaga con el rígido autocontrol que puede ejercer. Debe haber otras formas de tratar con el ego. Esto también se consideró en la antigua China:

"Los sabios en estos tiempos de decadencia no entienden cómo llegar a los orígenes de su espíritu y volver a sus raíces. Sobre todo, tratan de modelar y pulir su naturaleza, de refinar o suprimir sus reacciones originales para satisfacer las exigencias de su tiempo. Por lo tanto, cuando su ojo desea algo, intervienen con prohibiciones; cuando su mente se deleita en algo, lo restringen con ritos. Corren más y más en círculos, haciendo pies y arcos rascantes, mientras que la carne se vuelve mala y no comestible y el vino agrio e imbebible. Por fuera domestican sus cuerpos, por dentro azotan su espíritu. Destruyen la armonía del Yin y del Yang e inhiben el camino original de su naturaleza para responder apropiadamente al destino. Es por eso que estas personas están llenas de preocupaciones toda su vida. Los que siguen al Dao son muy diferentes: Regulan las respuestas originales de su naturaleza, cultivan su conciencia, la nutren con armonía y la dirigen apropiadamente. Disfrutan del Dao y olvidan las pequeñeces; descansan en su potencial y olvidan las cosas bajas. Como su naturaleza no desea nada, logran lo que desean. Como su mente no busca el placer, no hay

placer que no compartan. Aquellos que se aferran a sus
respuestas naturales conservan su potencial. Aquel que
cede a su naturaleza interior conserva su armonía.
Físicamente relajados y sin restricciones en su atención:
Tales normas y reglamentos pueden servir de modelo
para todo el país." (Huainanzi, VII.14)

XII.

Regular en lugar de bloquear. No el ascetismo sino el
autocultivo es el camino que describe el Huainanzi. Descansar en el propio potencial significa conocer las propias
habilidades, pero no tener que probarlas todo el tiempo.
Esto hace posible reaccionar apropiadamente en situacio-
nes constantemente cambiantes.

"Planificar las cosas con antelación no es mejor que
aprender técnicas. Actuar no es mejor que tener opciones
de acción. Intervenir no es mejor que dejar las cosas en
manos del Dao. Si actúas a propósito, hay objetivos que
no alcanzarás. Si te esfuerzas por las cosas, hay cosas que
no logras. De esta manera los seres humanos llegan a sus
límites mientras el Dao adentrase en todo." (Huainanzi,
XIV.24)

Este tipo de restricción no significa renuncia, sino la mayor soberanía posible. Y en el camino hacia allí, no es el
esfuerzo lo que cuenta, sino encontrar equilibrio y paz.

Cuanto menos fuerza de voluntad se necesite para esto, mejor.

Es más fácil decirlo que hacerlo. Somos simultáneamente seres sexuales, sociales, intelectuales y espirituales. Nuestras acciones están determinadas por impulsos muy diferentes, que a menudo son difíciles de reconciliar. Lo que llamamos "yo" es en realidad un conjunto de intereses en conflicto:

— Están los factores biológicos. Parte de nuestro comportamiento es hormonal. Eso es en interés de la supervivencia de nuestra especie.

— Además de la preservación de nuestra especie, estamos naturalmente interesados en la preservación de nuestra propia existencia. Nos alimentamos y cuidamos nuestros cuerpos.

— Al mismo tiempo somos seres sociales. Estamos integrados en estructuras sociales en las que asumimos tareas y nos situamos en jerarquías y estructuras de poder o nos rebelamos contra ellas.

— También entramos en relaciones más estrechas con los individuos, relaciones amorosas y amistades. Esto requiere cualidades diferentes a las requeridas en el resto de la vida social.

— A través de nuestro lenguaje también estamos involucrados en todo tipo de discursos y en muchas charlas. Nuestro pensamiento conceptual influye en nuestra percepción y en nuestras acciones. Desarrollamos opiniones y creencias.

- Pero el intelecto por sí solo no es suficiente para nosotros. Excedemos sus límites cuando confiamos en nuestra intuición o desarrollamos habilidades creativas.
- A esto se le añaden los anhelos espirituales. El deseo de trascender la vida individual demuestra una y otra vez ser una poderosa fuerza impulsora de la acción humana.

Debemos de alguna manera unir estos diferentes aspectos. Si uno de ellos es demasiado dominante, existe el peligro de que interfiera con los otros. Los que se esfuerzan demasiado por el poder probablemente tengan más dificultades para entablar relaciones amorosas, los que se centran demasiado en el intelecto pueden perder el contacto con sus propios cuerpos y los hombres demasiado testosteronados corren el riesgo de entrar en conflicto con las reglas de la sociedad.

Pero por otro lado, si uno de estos factores es suprimido permanentemente, las consecuencias pueden ser desastrosas. Por ejemplo, una moral sexual rígida no sólo puede limitar la capacidad de los individuos para relacionarse, sino que también puede envenenar el clima social. La tiranía suele ir acompañada de hostilidad hacia el placer. También el fanatismo político o religioso.

Lo que somos depende de manera decisiva de cómo tratamos las demandas de los factores diferentes y cómo regulamos los conflictos entre ellos. [2]

XIII.

¿Qué es lo que significa "yo"? ¿Qué significa "yo quiero"? ¿Todas las partes de mi personalidad quieren eso? Me puedo identificar con cada uno de ellos, tanto que me olvido de los demás. En un momento de éxtasis sexual mi intelecto se detiene, pero al día siguiente, en una animada discusión, me percibo a mí mismo completamente como intelecto.

¿Cuál de estas partes a las que digo "yo" soy yo? ¿Todos juntos? ¿O todos uno tras otro? ¿O la conciencia que a veces percibe lo uno, a ratos lo otro? Pero en algunos momentos también estoy durmiendo.

Cuanto más intento encontrarme a mí mismo, más me escabullo. Encuentro muchas cosas con las que me puedo identificar, pero todas son instantáneas. En realidad sólo soy el escenario vacío en el que todas estas cosas pueden

---

[2] Por cierto, los siete aspectos descritos aquí corresponden a los siete chakras, centros de energía en el cuerpo que juegan un papel importante en la tradición religiosa de la India. Para que la energía fluya libremente en el cuerpo, los chakras individuales deben estar en armonía entre sí. Esta idea tiene un uso muy práctico, independientemente de su dimensión espiritual. Facilita el seguimiento de los diferentes aspectos de la vida sin descuidar ninguno de ellos.

tener lugar. A veces me considero el director, pero la actuación no va de acuerdo con mis instrucciones, aunque tengo mi parte en todo el asunto: La atmósfera de la obra puede ser muy diferente dependiendo del escenario.

XIV.

El objetivo de muchas prácticas espirituales es, según una opinión muy extendida, volverse vacío. Para muchos no es una idea agradable, lo asocian con apatía y torpeza. Pero no tengo por qué volverme vacío. De todas formas ya estoy vacío. Yo sólo soy el escenario en el que se desarrolla el drama de mi vida. Es suficiente con darme cuenta de este vacío y hacer lo mejor de él.

El vacío atrae la abundancia, y por eso tengo parte en la abundancia del mundo. No se trata de volverse vacío, sino de mantener el escenario en orden e invitar a los actores adecuados.

XV.

El gran arte de la vida es armonizar al máximo los diferentes impulsos que determinan nuestras vidas. Una posible forma de lograrlo es el aprendizaje permanente. Esto es lo que dice Confucio cuando mira hacia atrás en su vida:

"A los setenta años, fui capaz de seguir libremente los impulsos de mi corazón sin sobrepasar las normas." (Conversaciones, IV.23)

De esta manera, las preferencias personales y las demandas externas coinciden, pero sólo después de un esfuerzo de toda la vida.

El aprendizaje de Confucio es algo fundamentalmente diferente del aprendizaje en las ciencias modernas. No se trata tanto de abrir constantemente nuevas áreas de conocimiento y de llegar a nuevos conceptos. Más bien, las cosas viejas y probadas deben ser aprendidas. A través de la práctica incansable, las habilidades deseadas se profundizarán con el tiempo. Las secuencias de acción que requieren toda la atención al principio se vuelven cada vez más automáticas. Se convierten en parte de la memoria del cuerpo y finalmente pueden realizarse sin tener que pensar en ello.

Esta forma de aprendizaje sigue estando muy extendida hoy en día en el Asia oriental. En China, el Taiji Quan se practica en muchos parques a primera hora de la mañana y por la tarde, a menudo en grupos más grandes.Los principiantes imitan a los más avanzados. Por lo general, no se explica casi nada. No es la comprensión teórica lo que en última instancia conduce a una mejora de la forma, sino la repetición frecuente.

XVI.

¡De vuelta a la naturaleza! Esta es la alternativa Daoísta a la constante mejora de sí mismo de acuerdo a la manera Confuciana.

"Que los bueyes y los caballos tienen cuatro patas, esa es su naturaleza celestial. Controlar las cabezas de los caballos con riendas y perforar las narices de los bueyes, eso es influencia humana. Por eso dicen: Aquel que no destruye la naturaleza celestial por influencias humanas, que no perturba su destino por intenciones conscientes, que no daña su nombre en aras de la ganancia, que preserva cuidadosamente el suyo propio y no lo pierde: vuelve a su verdadera naturaleza." (Zhuangzi, XVII.6)

En China la naturaleza se llama 自然 (zi ran), que literalmente significa "por sí mismo así" o "por sí mismo correcto". De acuerdo con esto, la naturaleza es lo que es justo por sí misma sin la intervención humana. Con la acción humana corremos el riesgo de desequilibrar la naturaleza. Como nosotros mismos también somos parte de la naturaleza, también ponemos en peligro nuestra propia naturalidad por nuestras acciones. La lucha por el poder, la fama y la riqueza destruye la paz interior. Pero los conceptos morales y el sentido del deber también pueden alejarnos de nuestra naturaleza.

"Los términos son herramientas generales; no se debe hacer demasiado hincapié en ellos. El amor y el deber

son chozas de emergencia de los antiguos reyes. Uno puede quedarse allí una noche, pero no vivir allí todo el tiempo, o los que nos miran nos exigirán demasiado. La gente más alta de la antigüedad solía usar el amor como un camino y el deber como un refugio para vagar en el espacio del ocio libre. Se alimentaban del campo de la falta de deseo y estaban en el jardín de la innecesidad. Caminar en el ocio es la no acción. La falta de deseo es fácil de alimentar, y la falta de necesidad no requiere ningún esfuerzo. Los antiguos lo llamaban: vagabundeo en el que uno arranca la verdad. Pero aquellos que creen que la riqueza sea su vida, envidian a los demás sus ingresos. Aquellos que creen que la fama sea su vida, envidian a los demás por su reputación. Los que se dedican al poder no pueden dar influencia a los demás. Cuando tienen estos bienes en sus manos, tiemblan, y cuando tienen que dejarlos, se ponen a lamentarse, y el Uno no encuentra espacio para reflexionar. Cuando se considera su eterna inquietud, hay que decir que son las personas que el cielo ha condenado a la esclavitud." (Zhuangzi, XIV. 5)

XVII.

Haciendo por no hacer (wu wei) es el camino preferido de la filosofía Daoísta. No significa no hacer nada en absoluto, se trata más bien de actuar de forma muy eficaz. Los que reducen sus necesidades a lo esencial tienen que accionar menos. Por otro lado, si eres muy ambicioso, corres el riesgo de perder lo esencial. De esta manera se preprograman los conflictos internos.

Si alguien va a una fiesta para divertirse y al mismo tiempo para hacer contactos de negocios, dos motivaciones se contraponen y el resultado difícilmente será satisfactorio.

"Los que siguen el camino, su voluntad es flexible, pero sus acciones son fuertes. Su mente está vacía, pero sus reacciones son precisas. Lo que entendemos por voluntad flexible: flexible y tierna, tranquila y silenciosa. Significa retirarse cuando otros no se atreven y actuar, cuando otros no son capaces de hacerlo, con calma y despreocupación, actuando sin perder el momento adecuado, dando vueltas con las diez mil cosas, sin anticipar ni iniciar, simplemente respondiendo apropiadamente a las cosas." (Huainanzi, I.10)

XVIII.

La libertad es un bien altamente disputado. Está constantemente amenazada. La libertad política sólo puede durar si hay suficientes personas que quieran ser libres. Esto requiere una cultura de la libertad. Uno aprecia más la libertad cuanto más la conoce.

Las personas que sufren de agotamiento pueden tener libertad política y libertad de contrato, pero difícilmente se sentirán libres. Aquellos que siempre están bajo presión para actuar encuentran dificultades al conocerse a sí mismos. El ocio es importante para descubrir las propias capacidades.

Pero el ocio también es importante para poder participar en eventos políticos. Sólo aquellos que tienen tiempo pueden activarse en el momento adecuado. Ya Aristóteles sabía que el poder de los déspotas es más estable cuando todos tienen que trabajar hasta el agotamiento. En un momento en que los déspotas son cada vez más numerosos, por lo tanto es de vital importancia prestar más atención al ocio.

XIX.

El aburrimiento es el fantasma que lleva a muchos a refugiarse en un empleo permanente. Pero salvar esto con distracciones que gradualmente resultan igual de aburridas sólo lo prolonga.

El aburrimiento es una sensación de vacío. No hay nada interesante. Todo es hastío. Pero donde todo es aburrido y vacío, hay espacio para creación.

El aburrimiento es un anhelo, un anhelo de algo que haga que el tiempo se olvide, un deseo de experimentar cosas maravillosas o hacer cosas maravillosas. Friedrich Nietzsche llama al aburrimiento una desagradable calma del alma, que precede al feliz viaje y a los alegres vientos. (La ciencia alegre, 1er libro, 42º capítulo)

El aburrimiento es difícil de soportar. Hay que aprender a soportarlo. Los practicantes de Zen que se sientan durante horas frente a una pared blanca lo hacen a su manera.

Hay fuerza en el silencio. Pero el camino a la tranquilidad es a menudo a través del tedio.

El desinterés cambia el sentido del tiempo. Un rato se hace largo. Uno se puede dedicar a una cosa por mucho tiempo. La percepción cambia. De repente el mundo está en un ritmo diferente. Los pensamientos toman un giro inesperado. Se abren otras perspectivas.

Los relámpagos de inspiración surgen en la tensión entre el aburrimiento y el deseo de hacer algo.

XX.

La sobrecarga es a menudo el resultado de la huida del aburrimiento. Ya sea que se trate de una sobrecarga del estómago o de saturación de la mente con información, la digestión suele ser entonces difícil.

Nan'in, un maestro Zen japonés durante la era Meiji, recibió una vez a un profesor universitario que lo visitó para aprender sobre el Zen. Nan'in sirvió té. Vertió el té en la taza de su huésped hasta que se llenó, y continuó vertiendo el té incluso después de que la taza estuviera llena. El profesor observó esta abundancia hasta que ya no pudo sostenerse y gritó: "¡Basta, la copa ya está rebosando!" - "Al igual que esta copa", dijo Nan'in, " Usted está lleno de sus propias opiniones y especulaciones. ¿Cómo puedo mostrarle el Zen antes de que me entregue una copa vacía? (Según Günter Wohlfart)

En un sermón del místico cristiano Meister Eckhart (1260 - 1328) dice:

"Ningún vaso puede contener dos tipos de poción. Si va a contener vino, es necesario verter el agua; el vaso debe quedar vacío y solitario. Por lo tanto, si vas a recibir la alegría divina y Dios, debes necesariamente derramar las criaturas. San Agustín dice: "Derrama para que te llenes. Aprenda a no amar, para que puedas aprender a amar. Date la vuelta para avanzar. En resumen, todo lo que debe ser receptivo debe estar vacío." (Sermones y tratados alemanes)

Según el místico islámico Jalal od-Din Rumi (1207-1273)

"El vino de la gracia divina es ilimitado:
Toda limitación proviene sólo de las deficiencias de la copa.

La luz de la luna llena el cielo completamente de este a
oeste;
Hasta dónde puede llenar su salón depende de las venta-
nas.
Es un gran honor, amigo mío, la copa de tu vida:
El Príncipe Amor lo creó para contener su vino eterno."
(Rumi, p.23)

XXI.

Las tradiciones místicas de las diferentes culturas siempre han subrayado la importancia del vacío interior.

El vacío crea espacio para nuevas experiencias. El vacío ofrece más espacio para la imaginación y la intuición. Son efectos muy prácticos, útiles para la vida cotidiana. Pero cuando los místicos describen sus vivencias, hay otras dimensiones involucradas.

Hablan del arrebato, de la experiencia de Dios, del conocimiento de ser uno con todos los seres y con Dios. Por supuesto, todo esto no es una confirmación de ninguna doctrina religiosa. El hecho de que alguien crea que se está comunicando con poderes superiores no es una prueba de la existencia de estos poderes. Pero obviamente hay mucho que sucede en nuestros cerebros cuando reducimos los estímulos externos y el impulso interno de actividad.

El exuberante lenguaje con el que se describen a menudo las experiencias místicas da una idea de la intensidad de estas. El viaje al vacío interior es un viaje al infinito. El cosmos interior es tan incomprensible y abrumador como el exterior. La forma en que uno interpreta posteriormente las vivencias de este viaje depende en gran medida de los respectivos medios de expresión cultural.

Estas experiencias no son un privilegio de ningun credo en particular. Incluso aquellos que no son creyentes pueden hacerlos. No están vinculados a ningun culto, pero las religiones tienen un vocabulario especialmente adecuado para describirlos. Suelen estar arraigadas en las tradiciones religiosas, pero apuntan más allá de ellas.

Por lo tanto, el pensamiento místico puede construir puentes entre las religiones donde el fanatismo sólo ve abismos. El intercambio de experiencias místicas puede facilitar el diálogo entre las religiones. Los dogmas separan las religiones, las experiencias místicas abren caminos para conectarlas.

Hoy nos encontramos en la situación favorable de tener acceso a textos místicos de muchas épocas y países diferentes. Así es posible ver las experiencias místicas bajo una nueva luz, cristalizar lo que tienen en común y relativizar lo que se debe al respectivo ambiente de la época y a la cultura.

En este ensayo me refiero principalmente a los escritos taoístas. Estos son más textos filosóficos que religiosos. Las experiencias místicas son tratadas sin recurrir a dogmas religiosos. Esto facilita el acceso a las personas que no son religiosas. Pero las experiencias en sí mismas no son taoístas, también se encuentran en el misticismo occidental. Así que para mí los clásicos chinos son también una clave para la comprensión de valiosas tradiciones occidentales que en gran parte han caído en desuso debido a siglos de crítica bien justificada de la religión.

XXII.

Las corrientes del tiempo arrastran consigo a la gente. Incluso aquellos que se dedican al viaje místico hacia el interior no son ajenos a los debates políticos y religiosos. Las experiencias místicas no conducen a la infalibilidad. Incluso el misticismo se enreda así en el curso de las cosas y nunca se libera completamente de los lados oscuros de la cultura respectiva.

En el misticismo cristiano, por ejemplo, el intento de derrotar el ego ha llevado repetidamente a prácticas extremadamente hostiles para el cuerpo.

Del significado griego original de la palabra, un asceta es en realidad alguien que se dedica a algo, un atleta por ejemplo. El hecho de que en el cristianismo el ascetismo se convierta a menudo en auto-tortura, se basa ciertamente también en la idea de que después de la muerte el alma espera el paraíso o la condenación eterna, incluyendo los tormentos del infierno. Esto crea temores, y los temores favorecen las actitudes rígidas.

El budismo Zen, que apunta a una experiencia mística del vacío, influyó fuertemente en la actitud de los samuráis japoneses que trataron de dejar atrás su ego en favor de la disciplina militar. La combinación del misticismo y el guerrerismo condujo finalmente a la participación de seguidores del Zen en los crímenes de guerra del militarismo japonés durante la Segunda Guerra Mundial.

La inmersión mística se trata de dejar atrás el ego. Pero eso no puede significar someterse a otro ego. Dejar atrás el ego significa abandonar las identificaciones, especialmente las que tienen objetivos extranjeros. Significa liberarse de condicionamientos y compulsiones y no someterse a una autoridad externa.

Ambos objetivos no podrían ser más diferentes, pero su camino es en parte el mismo, conducen a través del reconocimiento del vacío interior. Así que existe el peligro de que la búsqueda espiritual se instrumentalice para fines ajenos, incluso para los militares.

Aquellos que buscan guía en el camino espiritual rápidamente se meten en el dilema con el gurú. Los profesores pueden ser de gran ayuda, pero también pueden llevarnos por el camino equivocado.

Los salteadores prefieren asediar los caminos lucrativos. En el camino a la iluminación - o al paraíso - hay mucho que ganar. Muchos están tan concentrados en el objetivo prometedor que no prestan atención al camino. Allí son presa fácil.

Las religiones pueden tener un fuerte impacto. Es precisamente por eso que los soberanos tratan de controlarlos, y la gente hambrienta de poder los invoca. No se puede pensar sobre la historia de las religiones sin mencionar la historia de su abuso. Hay buenas razones por las que muchos rechazan las religiones. Los intereses de poder han generado mucho fanatismo y parálisis dogmática.

Pero el lenguaje y las imágenes de las religiones que encontraron también han servido a los místicos para comunicar sus experiencias. Fueron capaces de hacerlo porque las religiones mismas se remontan a tales experiencias.

XXIII.

Comunicar lo indecible de alguna manera, este intento que caracteriza a los textos místicos, tiene sus trampas.

Nuestro lenguaje es más adecuado para describir nuestro mundo cotidiano que para transmitir experiencias trascendentales. El lenguaje funciona porque estamos más o menos familiarizados con lo que estamos hablando. Todo el mundo sabe por experiencia propia lo que se quiere decir cuando hablamos de un árbol. Pero cuanto más algo elude nuestra percepción, menos coinciden nuestras respectivas ideas sobre ello. ¿Cómo debemos hablar claramente y sin ambigüedades sobre las cosas espirituales?

Los términos hacen las cosas tangibles, manejables. Al nombrar las cosas, intentamos ponerlas bajo nuestro control mental. Por lo tanto, hablar de religión conlleva el peligro de una apropiación.

Las religiones siempre han sido instrumentalizadas con fines ajenos, pero los intentos de protegerlas de esto son igual de viejos. Así que uno de los Diez Mandamientos exige:

"No tomarás el nombre del Señor tu Dios en vano, porque el Señor no dejará impune al que tome su nombre en vano." (Moisés, 2.20)

Otro mandamiento dice:

"No te harás ninguna imagen esculpida de Dios, ni ninguna representación de ninguna cosa en el cielo arriba, en la tierra abajo, o en las aguas debajo de la tierra." (ibíd.)

El significado de este mandamiento, surge del hecho de que todas las descripciones de Dios son sólo proyecciones humanas y se basan en intereses humanos. Los hombres crean sus dioses a su propia imagen.

En el siglo VI, Dionisio Areopagita formuló los lineamientos de una Teología Negativa, que tuvo una significativa influencia en el misticismo cristiano de la Edad Media. De acuerdo con esto, no se puede decir nada sobre Dios. Escapa a la comprensión conceptual. Sólo se puede decir lo que Dios no es: lo que la gente le atribuye.

En Internet descubrí una caricatura: dos dibujos uno al lado del otro, publicados por un ateo convencido. Por encima de uno está escrito "La imaginación sobre Dios", por encima del otro "La realidad de Dios". "La imaginación sobre Dios" muestra a un mago con una varita mágica, "La realidad de Dios" muestra una superficie negra. Nada. Vacío. Lo que se entendía como una burla desde una perspectiva atea es para mí una hermosa representación visual de lo que dice la teología negativa.

"El camino que se puede mostrar,
No es un camino eterno
El nombre que se puede llamar,
no es un nombre eterno."
(Laozi, Daodejing, I.)

XXIV.

Lo que el lenguaje no puede comprender, es más fácil de experimentar sin el lenguaje. En su libro "Sobre el espíritu del Zen" Allen Watts describe el sermón de un maestro Zen:

"Un día un maestro acababa de tomar su lugar cuando un pájaro afuera comenzó a cantar. El Maestro no dijo una palabra y todos escucharon al pájaro. Cuando el pájaro dejó de cantar, el Maestro simplemente anunció que el sermón había terminado y se fue."

Las alegrías de la vida se encuentran a menudo en las cosas aparentemente pequeñas. El canto de un mirlo puede ser conmovedor, una ardilla corriendo por el balcón puede evocar sentimientos de felicidad. Si soy receptivo a ello y no pienso en mi próxima declaración de impuestos.

Cuando tengo el ocio de involucrarme en las cosas que me pasan, descubro milagros por todas partes. Cuando nunca olvides cómo asombrarte, siempre te enamorarás de la belleza de la naturaleza. Ese es el mejor incentivo para protegerla.

XXV.

La crisis climática nos urge a cuestionar la orientación hacia las cosas materiales. La riqueza interna vale más que la externa. El consumo ofrece menos momentos de felicidad que el tiempo de ocio. Podríamos vivir mucho mejor y al mismo tiempo causar mucho menos daño a nuestro medio ambiente.

Esto requiere un cambio cultural. Lejos de la presión de rendimiento, la competencia y la manía de crecimiento. Un cambio político sería el resultado. También se desarrollarían otras formas de actividad económica. Calidad en lugar de cantidad.

Si queremos cambiar la cultura, debe ser un asunto alegre. Nuestro tiempo exige algo así como un hedonismo místico.

"¿Has oído alguna vez que alguien ha hecho algo extraordinario en un asunto que no le gusta?" (Huainanzi, X.81)

¡Alegría de la vida! ¡Alegría en el mundo! Debemos aprender a amar a nuestro prójimo. O para decirlo con los Beatles: *"All you need is love."*

"Love, love, love!"

XXVI.

La transitoriedad es el destino de todas las cosas. Cuando amamos, nos enfrentamos al hecho de que lo que amamos finalmente perecerá. Desarrollar un profundo amor por este mundo es, por un lado, una forma de aumentar la alegría de vivir. Pero también nos hace más vulnerables. No hay alegría duradera sin pena y dolor. La gente que amamos muere; los proyectos que nos entusiasman fracasan; y cuanto más global se vuelve nuestro amor, más nos afectan los desarrollos globales: refugiados que se ahogan en el mar, el cambio climático, la extinción de especies.

Es de nuestro propio interés no aceptar simplemente estas cosas, porque eso significaría volvernos indiferentes y perder así gran parte de nuestra capacidad de ser felices. La pena es la sombra de nuestra alegría. Es imposible separar los dos.

Todo lo que es, en algún momento, perece, incluso aquello por lo que luchamos con toda nuestra pasión. El éxito duradero no es posible de esta manera. Los rastros que dejemos serán borrados tarde o temprano. El poeta barroco Andreas Gryphius lo describe en un poema así:

"Ves donde mires, sólo vanidad en la tierra.
Lo que éste construye hoy, otro lo derribará:
Donde hoy están ciudades, habrá praderas,
En las que un niño de pastor jugará con los rebaños."
(Andreas Gryphius, 1616 – 1664: Todo es en vano)

Todo lo que está hecho de materia se disuelve de nuevo tarde o temprano. Esa es la característica básica de todas las cosas materiales. Pero también hay una fuerza creativa eterna, que, a pesar de la constante decadencia, siempre produce nuevas maravillas.[3] Los seres humanos somos parte de este poder divino, que brota de nuestro ser interior más profundo. La creación no es nada acabado. Es lo que sucede a cada momento, también por medio de nuestra participación.

XXVII.

La participación en la creación no requiere una actividad exuberante. Basta con abrirse a las maravillas del mundo y participar cuidadosamente en ellas.

Actuar en armonía con la naturaleza. Siendo naturaleza. Hacer surgir cosas buenas y bellas cuando el tiempo está maduro y descansar cuando se ve que es bueno. Tener tiempo para lo que hay que hacer. Esto requiere una cierta cantidad de ocio.

---

[3] La filosofía de Plotino en particular se centra en este tema.

La palabra alemana "Muße" (ocio) está relacionada por su origen con "müssen" (deber hacer algo). Para hacer lo que hay que hacer, necesitamos ocio. A veces es mejor tener una agenda vacía. El vacío crea libertad de movimiento.

XXVIII.

"Treinta radios se encuentran en el cubo de la rueda.
Su vacío hace que la rueda sea utilizable.
Se forma un vaso de arcilla.
Su vacío hace que el vaso sea útil."
(Laozi, Daodejing, XI.)

Es el vacío dentro de nosotros lo que nos permite sacar del lleno.

Fuentes

- Aristoteles: Politik. Traducción al alemán de Franz F. Schwarz, Stuttgart, 1989

- Goethe, Johann Wolfgang: www.volksliederarchiv.de/ich-ging-im-walde-so-fuer-mich-hin/

- Gryphius, Andreas: Es ist alles eitel. www.deutschelyrik.de/es-ist-alles-eitel.302.html

- Huainanzi: Traducción al inglés de Mayor, Queen, Meyer, Roth, Puett y Murray, New York, 2010

- Konfuzius: Gespräche. In: Die Lehren des Konfuzius. Traducción al alemán de Richard Wilhelm, Frankfurt (Main), 2008

- Laozi: Daodejing. Traducción propia

- Mose, 2. 20: de.wikipedia.org/wiki/Zehn_Gebote

- Meister Eckhart: En: Quint, Josef: Meister Eckehart, Deutsche Predigten und Traktate. München, 1963

- Nietzsche, Friedrich: Die fröhliche Wissenschaft. Leipzig, 1990

- Rumi, Jalal od-Din: En: Andrew Harvey: Die Lehren des Rumi. München, 2001

- Watts, Alan: Vom Geist des Zen. Traducción al alemán de Julius Schwabe, Frankfurt am Main y Leipzig, 2008

- Werner, Kenny: Effortless Mastery. New Albany, 1996

- Wohlfart, Günter: Zhuangzi (Dschuang Dsi) – Meister der Spiritualität. Freiburg im Breisgau, 2001

- Zhuangzi: Traducción al alemán de Richard Wilhelm (Dschuang Dsï: Das wahre Buch vom südlichen Blütenland. München, 2004.)

Foto de la portada: Martina Bölck: Puerta en el Monte Tai, China
Otras imágenes: Obras propias

Agradecimientos por lectura correctiva a Daniel Salas